Weltgewitter

ANDREAS WOLF

Weltgewitter

Gedichte

Bibliografische Information der Deutschen Nationalbibliothek:
Die Deutsche Nationalbibliothek verzeichnet diese Publikation in der Deutschen
Nationalbibliografie; detaillierte bibliografische Daten sind im Internet über dnb.
dnb.de abrufbar.

Satz, Umschlaggestaltung, Herstellung und Verlag:
BoD – Books on Demand, Norderstedt
ISBN 978-3-7494-5956-8

Inhalt

Grundlos unter Azur

Weltgewitter

Kaum, dass das Ich aus dem riesigen Affenarsch
der Evolution herausgekrochen ist,
wird es auch schon gemobbt, gebasht und gedisst.
Leider nimmt dieses Ich alles so persönlich,
wird paranoid wie Rousseau, sein Entdecker,
oder schießt sich, siehe Werther,
eine Kugel durch den gerade erst erleuchteten Kopf.
Ein christliches Begräbnis wird ihm – natürlich – verwehrt.
King Kong kann ziemlich nachtragend sein.

Das Ich, ein possierliches Personalpronomen,
der Nullpunkt, allerdings: des gesamten Bezugssystems;
kaum, dass es auf eigenen Füßen steht,
hat es einen schlechten Stand.
Es ist vorzugsweise *unglücklich, leer, abstrakt, dummdreist,*
betreibt das durchsichtige Scheinen in sich selbst (alles Hegel)
und kann noch nicht einmal dieses Scheinen,
sprich: sich selbst verstehen,
denn dazu bedarf es der Sprache,
und die ist nun einmal Allgemeingut (Wittgenstein).

Zweihundert Jahre Ich, zweihundert Jahre Einsamkeit,
Verbalgewucher, Highbrow, Mascara und Masturbation.
Das hat es nun davon, das liebe Ich,
dass es sich gerne an Strohfeuern wärmt:

***

Apart lässt es einen Kanarienvogel an seinen Lippen schnäbeln,
und der wiederum küsst mit dem so geküssten Schnabel
die Lippen der geliebten Frau. Man könnte heulen vor Glück!
Alle drei: bestimmt ganz wunderschöne Seelen
und doch so nah am Wassertod.

Tja, das Ich ist unrettbar und so gut wie hoffnungslos verloren.
Ihm muss keiner was erzählen. Es hat bodentiefe Spiegel im Bad.
Auch ist es nicht blind. Selbst Schaufensterscheiben können reden.

Doch nicht nur Schaufensterscheiben reden mit ihm,
Anmutungen gibt es überall, Codes und Kantilenen,
die Mystik eines Freibads, die Atemzüge eines Sommertages,
der Blitz im Wald, ansonsten nur lausige Föhren und Birken
und mitten darin dieses Ich, eine ontologische Vollabsurdität.
Es ist seinsmäßig bereits sozialauffällig geworden,
und dennoch schaut es den Dingen,
Dingen, die wesentlich größer sind,
kackfrech in ihr blödes Gesicht.

Nennen wir es einmal altdeutsch: Die Lichtung,
das Licht und die Dinge, sie kommen nur in ihm zusammen,
als Ton, als Bild, als Lied vielleicht, vielleicht auch als Dichtung,
wird nur in ihm das Licht die Dinge entflammen.
Dies Ich, so fadenscheinig, ein besserer Zwitter,
halb Biomasse und halb auch viel mehr,
steht ganz allein in diesem Weltgewitter,
ja: Es stellt das Weltgewitter überhaupt erst her.

Es ist der einzige Punkt inmitten des Alls und der Dinge,
der überhaupt irgendetwas sieht und hört,
der im Rausch der Besamung, im Tausch der Ringe,
der ruchlose Reigen, der Tod und Besamung stört.
Dies Ich, so oft schon belächelt, ja: offen verlacht,
ist Blitz, oder altdeutsch gesagt: Der Hüter des Seins,
ansonsten gäbe es nur Energie und Masse und Nacht
und eine Welt, die weltlos ist wie die Welt eines Steins.

Formen

Wo man Formen sieht,
da ist nur Ermattung,
ist äußerst erschöpfte Entelechie,
ein Wurf im Zenit
der dunklen Begattung,
doch Formen? Nie!

Ist das Haus gebaut,
so beginnt auch das Sterben,
die letzte Ernte steht auf dem Feld,
ein Wanken, ein Wünschen und Werben,
dass die Stunde – so schwertnah – noch hält.

Was als Haben erscheint, das ist nur ein Halten,
ein Hoffen, an dem es schon zieht,
ein Zaudern, ein Zögern im Zug der Gestalten,
so sichelschwer wissend,
dass es geschieht.

Duisburg

Ich denke gerne an Meiderich.
Ruhrgebiet, Borinage,
so sieht Manchester in schweren Träumen aus.
Abgeblätterte Häuser,
schwarz-weiße Reihenhaussiedlungen,
steingewordene Paranoia.

Doch die Menschen,
die ich nach dem Weg fragte,
und ich fragte oft
in diesem schwarz-weißen Albtraum
zwischen Rhein und Ruhr,
schmucklose, aber sehr präsente Existenzen.

Gerne denke ich an sie zurück:
den hageren Endfünfziger etwa,
ein frühpensionierter Hauer vielleicht,
wie er mit seiner hochtoupierten Frau
federleicht durch den Sommer-
und Lebensabend fährt.

Und der führt entlang des Rhein-Herne-Kanals,
mehr Kies- als ein Radweg,
eine grandiose Monotonie
zwischen Hafenanlagen und Schrottladeplätzen,
doch auch hier blüht, wie Unkraut, das Glück.

Ein Rentner mit sehr spitzen Fingern
pflückt die Brombeeren
von den staubigen Sträuchern
und platziert sie mit letzter Liebe
in seine viel zu große Tupperware-Dose.

Ein bulliger Türke
fährt mit einem Bike den Kies auf und ab,
während sein Kumpel
den bereits bronzenen Körper
von der späten Sonne vergolden lässt.

Geglückte Existenzen!
Mehr wird inmitten des Ruhrpotts
in diesen Jahrzehnten
einfach nicht zu holen gewesen sein.

Ruhrgebiet, Sehnsuchtsland, Kythera!
Dieser Mut des reinen Lebens!
Frühe Schafsmilch und gefiederte Abendluft.
Keinerlei Ferne lastet hier.

Nun hoffen alle,
dass es genau so bleibt,
dass das ganz kleine Glück
noch eine gute Weile fortspinnen mag,
inmitten dieses spätsommerfarbenen Traums.

So lange werden vom Kiesweg hinab
offenen Auges die Kanus bestaunt,
wie sie leichthin auf dem Kanal ihre Spur ziehen,
an den Frachtschiffen vorbei,
schwer beladen mit Kohle und Schrott.

Die Amsel (nach Seneca)
für meine Mutter

Leichthin stürzt die Amsel zur Erde,
es ist wie ein Windhauch mitten im Flug,
ein Ach und Aus, kein Stirb und Werde,
ihr ist der Hauch der Erde genug.

Einen solchen Sturz hatte sie nie gesehen.
Sie lebte, als würde sie immer leben.
Sie ließ keinen Augenblick vergehen,
ohne sich das ganze Glück zu geben.

Ihr Glück, das war der Dienst am Bauch,
war Balz, Begattung, ja: Vielweiberei,
war reiner Gesang, nicht mehr als ein Hauch,
im Hauch der Erde, dem großen Vorbei.

Sie hatte nie das Morgen gehegt
und dabei das Heute versetzt,
sie hat den Tag in die Thermik gelegt,
sie war immer das absolute Jetzt.

Über ihre Zeit waren die Schwingen
des himmlischen Friedens gebreitet.
Wem konnte jemals mehr gelingen,
als ihr, die so weit dem Schicksal entgleitet.

Auch dieser Sturz ist noch vielmehr ein Gleiten,
durch den jetzt vertikalen Raum,
doch was sagen da noch Räume und Zeiten
inmitten von Sein und Traum.

Sergei Eisenstein, Alexander Newski

Menschen wie Typen,
Typen wie Helden,
Helden wie Phrasen.
Sie denken nicht, sie funktionieren,
sie sterben nicht, sie fallen einfach aus
inmitten des mittleren Mittelalters,
inmitten des Hochstalinismus.

Gerne wird auch herzlich gelacht,
wenn der Agitprop-Kommissar
mit einer Waffe am Kopf des Kameramanns
auf einen Stimmungswechsel drängt.
Zumeist aber vaterländische Blicke,
Stummfilmpathos, mit schwer gerollten Augen
unter dem düsteren Himmel
des Peipussees, 1242,
kurz vor dem Zweiten Weltkrieg.

Verschattete Augen, düstere Suggestion:
Tote Leute spielen tote Leute,
für den, der zufälligerweise heute noch sehen kann.
Aber was heißt das schon
in diesem Strudel, in diesem Sturz der Perspektiven?
Tote Leute spielen tote Leute
für tote Leute –

denn das Leben selbst ist ja nur
eine etwas umständliche
Paraphrase des Todes.

Nachtmeerfahrten

1.

Verbrechen ist gut,
Verträge sind besser, so Lenin,
so auch jeder kleinste Max,
der dich ins Netz formeller Freiheiten webt:
Verträge! – paragrafiert, paraphrasiert,
policengefedert: Geregelter Verkehr!

2.

Ja, schreibe dein Leben einfach ab,
mit der Hansa Treuhand
Schifffahrtsbeteiligungsgesellschaft,
Schuldverklappung garantiert,
doch dafür dann auch fest gechartert.

3.

Zwanzig Jahre Zwischendeck,
bei Schnaps, Tabak und Billigbutter,
zwanzig Jahre Calais und Dover,
morgens die Docks
und am Abend die Klippen,
zwanzig Jahre Pendeldienst,
Fährenfahrten, schwere Fahrten:
Nachtmeerfahrten
zwischen Calais und Dover,
jamais and all over
and all over again.

Am Schlachtensee

Der Wind in den Bäumen,
am hohen Himmel eine einzige Wolke,
bleich und rund wie der Vollmond,
ein Sommertag, sublunarisch.
Was gibt es jetzt noch zu sagen?
Eigentlich gar nichts.

Das Anwesende ist einfach mal da,
das Abwesende ist einfach mal fort,
von Zukunft oder Verlangen keine Spur,
die Arme sinken, die Ruder liegen im Wasser,
die Wellen sind wie gelöscht.

Hier gibt es nichts zu beneiden,
nichts zu bestaunen,
kein Weh und kein Wunder,
nur der Wind in den Bäumen,
der Atem im Leib,
nur dieses kaum merkliche Gleiten
in einen offenbar größeren Atem.

Ballard Power

Der Tag war fast schon ausgeglüht,
als ich endlich auch durchbrannte
und im sehr späten Handel
Ballard Power verkaufte,
einen Brennstoffzellenproduzenten aus Burnaby, Kanada.

Den verbrannten Rest machte ich zu Kohle:
1.000 Aktien zu 1 Euro 20,
das Zehntel eines erhofften Verzehnfachers.
Ich ging in den Fahrradladen um die Ecke
und kaufte ein nachtschwarzes Tourenfahrrad.

Asche zu Asche.
Doch ich war glücklich.
Die Beisetzung des bloß Gedachten
in ein handfestes Ding:
eine Art von verkehrter Auferstehung.

Was hätte ich auch mit 120.000 Euro anfangen können?
Eigentlich nichts! Anzahlung für eine Immobilie,
Tilgungsfristen, Bonitätsnachweise,
die tägliche Umlaufrendite, Belehrungen, Fronfuchteleien,
Mahnschreiben, Mietsklaventum
und lebenslange Zinsknechtschaft.

Was ist das schon gegen ein Tourenfahrrad!
So fuhr ich mit meinem nachtschwarzen Rad
direkt in den Sonnenuntergang hinein.
Niemals, so besprach ich mich mit dem Fahrtwind,
hätte ich ein so schönes Rad
mir auch nur gewünscht,
wenn Ballard Power aus Burnaby, Kanada
um ein Vielfaches gestiegen wäre.

Die Natur der Dinge
(nach Lukrez)

Nicht, dass es mich stört, wenn ihr den Wein und das Frühjahr
besingt,
denkt beim Korn gerne an *Ceres* und nennt das Meer von mir aus
Neptuns Reich,
Eintagsfliegen, ihr Menschen – Atome,
die Natur der Dinge seht ihr ohnehin nicht.

Schön ist es zum Beispiel, den Gott
mit Trommeln und Zimbeln zu beschallen,
weil es ein lustiges Lied ist,
aber Gott hört eure Flötentöne nicht.

Halbseidenes Zeug, voller Zeichen die Welt,
und dabei so völlig sinnlos.
Denn Gott, sofern es ihn gäbe,
wäre zumindest verschieden,
völlig getrennt von uns.

Es ist ja nun so, dass das, was man sieht,
nicht das ist, was ist, wie alles Wesentliche
– nennen wir es ruhig den Keim des Stoffes –
wesentlich nur unsichtbar sein kann.

Da helfen auch keine Eunuchenpriester hinweg,
Rosenblätter und Salböl.

Riten der Huld, Riten des Heils,
Riten, die fast schon Gottesbeleidigung sind.

Hütet euer Haupt vor Erhebung,
hütet euer Maul vor großen Reden,
denn die schönen Bilder
werden sich gegen euch wenden.

Kein Blumenpflücken im Paradies
ohne siedende Hölle,
kein labender Trank an lustiger Quelle
ohne gaumenverklebenden Durst.

Fort mit Gott oder Göttern,
fort mit Nymphen und himmlischen Boten,
fort mit Dämonen und Teufeln,
dem ganzen humpelnden, stinkenden Dreck.

Genieße einfach das Aroma des Lebens,
wie die Blume des Weins, die sich in die Lüfte entwindet,
genieße das Zimbelgeklapper und Flötengeschrei,
genieße es einfach, so lange es geht.

Denn das ist die Welt, so lange du lebst,
und dich die Atome bewegen,
doch die Atome bewegen
sich vorzugsweise auch ohne dich.

Das Vergangene hat dich nicht berührt,
in den schönen punischen Kriegen,
das Verhangene wird ohne dich geführt,
wer spricht da noch von Siegen?

Auch ohne dich wird dein Nachbar
sein Geschäft mit dem dreiundachtzigsten Stoß
zum erfolgreichen Abschluss bringen,
auch ohne dich fällt grundlos der Sperling vom Himmel.

Nimmer mehr wirst du dein liebliches Kind sehen,
kein Kuss und auch kein Lebewohl,
aber du brauchst auch keinen Kuss und Lebewohl mehr,
selbst der Wunsch danach ist dir fern,
und das ist – seien wir ehrlich – doch wesentlich mehr.

Ach ja, diese Seele,
sie ist das Aroma des Lebens,
wie die Blume des Weins, die sich in die Lüfte entwindet,
ohne dass man, wenn man nun nicht völlig närrisch wäre,
dem Wein eine Seele zuspräche.

Tröstlich ist es, am Lande zu sitzen,
wenn der Wind die Wasser peitscht,
wenn ein anderer sich plagt und auf hoher See müht,
und man selbst ist gar nicht mehr da,
und so ganz ohne Seele,
endlich entronnen und frei.

Rheinkilometer 555

Ein perfekter Tag.
Von Köln an herrschte Rückenwind.
Ich machte eine Wettfahrt mit der Loreley
und gewann – trotz Zigarettenpausen.
Die Kilometermarken am Flussbett
rauschten vorbei, Emaille,
auf dem die blanke Sonne lag,
der Radweg glatt asphaltiert
wie eingeölt mit Lichtschutzfaktor 15.

Rheinfahrt, Himmelfahrt,
alles lag einfach da und glänzte
in diesem ruhigen Licht:
die stumpfen Backsteinbauten,
die kalkweißen Unterflügel
der aufwindgetragenen Möwen,
und selbst das Kalkwerk am anderen Ufer
stieß möwenfarbene Kinderbuchwolken aus.

Da ließ es sich gut mit der Welt sein,
da ließ es sich überhaupt erst einmal Welt sein.
Kein Ding legte sich quer, nirgendwo ein Nein,
ja, mehr noch: weder Ja noch Nein,
nur eine hohe Wachheit am stillen Herz der Dinge.

Die große Müdigkeit

- »Ach, du bist Limbotänzerin?
Erstaunlich bei deiner Figur!«
- »Dass Hegel einen unehelichen Sohn hatte,
der als Söldner auf Java den Soldatentod starb,
ist mir, offen gesagt, völlig neu.«
- »Nein, ich habe das Wort *Pitch*
in diesem Zusammenhang
noch nie gehört. Aber danke dafür.«

Dafür nicht. Wirklich nicht.
Es ist Zeit, abzureisen.
Die große Müdigkeit. The Big Sleep.
Das schwarze Quadrat.
Die Dinge quillen auf,
sie riechen sehr schlecht
und treiben aus wie faule Kartoffeln.
Die Empirie führt zur Empirie
der Empirie. Dieses wunschlose Wuchern
unter einem schon mehr als mausetoten Himmel.
Wahrheiten wie Rechthabereien,
euphorieloses Faktengestöber,
Tatsachen wie Karzinome,
selbstreferentieller Mumpitz:
»Allerdings liegt Limburg an der Lahn.«

All diese sinnlose Rödelei
durch Stoppel-, Begriffs- und Higgsfelder.
Wie schon gesagt: Vielen Dank!

Ich habe genug gesehen.
Ich möchte nun endlich den Vorführer sprechen.
Von Lappeenranta bis nach Punta Arenas,
überall wackeln die Tische,
überall wird frech von Liebe geredet,
überall führt irgendetwas
zu irgendetwas anderem,
das dann zu wiederum etwas anderem führt.
Ich finde: Es reicht!

Ach, ich bin so müde.
Ich bin so schnittschwer.
Die Koffer sind gepackt.
Ich bin absolut abflugbereit.

Nein, ich möchte nicht noch einmal
den Sonnenuntergang am Strand von Mykonos sehen.
Auch wenn die letzte Runde aufs Haus geht.

Aber nochmals danke. Vielen Dank. Danke für nichts.

Von fernen Feuern
für Anton

In der Vorweihnachtszeit,
an Tagen wie diesen,
in denen die Zeit wie Honig vom Tisch tropft,
lud mich Frau Schiwek zu Kakao und Kuchen
in eine kleine Konditorei ein.
So war das, späteste fünfziger Jahre,
kann man nun finden, wie man will.

Ich war noch ein Kind,
ein kleines Kind in einer kleinen Konditorei
in einer kleineren Kleinstadt
mit Blick auf einen jedoch riesigen Fluss,
den gleichmütig fließenden Rhein.

Unsere Nachbarin Frau Schiwek
war so alt wie ich heute: in den besten Jahren,
eine uralte Frau, Witwe
und Flüchtling tief aus dem Osten.
Ihr einziger Sohn, der mir angeblich glich,
war ein Flieger, der früh schon über England
die Sonne grüßte, die Sonne und den Tod.

Frau Schiwek war einsam,
und ich war jung und hatte kein Geld,

ein perfektes Paar
für lange Gespräche, Kuchen, Kakao.

Ich habe alles vergessen,
wenn es je etwas zu erfahren gab.
Nun manchmal, sehr selten,
wenn es nach Kakao riecht,
in der Vorweihnachtszeit,
an bleischweren Tagen wie diesen,
sehe ich Frau Schiwek wieder,
ein mildes Gesicht
hinter Kuchen und Kaffee,
im Rücken der gleichmütig fließende Strom.

Als wir Käfertal verließen,
starb auch Frau Schiwek kurz danach.
Wir fuhren nicht eigens ans Grab.
Weshalb auch? Sie lebte ja noch.
Zumindest vereinzelt,
bei dem und vielleicht auch jenem,
da und möglichweise auch dort,
doch selbst das ist lange her.

Heute bin ich vermutlich der Letzte,
so denke ich an Tagen wie diesem,
an denen der Honig bleigrau vom Tisch tropft,
der Frau Schiwek überhaupt noch in sich trägt.

Als flackerndes Licht
einer selbst schon abgebrannten Kerze,
als fernster Abglanz
von mehr als fernen Feuern,
von Bränden, in denen einst
der schlesische Sommer glomm.

Wenn ich sterbe, ist Frau Schiwek verloren,
ein mildes Gesicht, für immer nun verlöscht.
Ich aber lebe noch weiter
als mildes Gesicht
vor wechselnden Kulissen,
ganz grob gehalten und schon sehr ins Perspektivische verzerrt.

Die einen sehen mich härter dann und schlechter,
die anderen in hellerem Licht und mild,
doch was sie sehen, diese letzten Wärter und Wächter,
sind wenig mehr als schwache Bilder,
kaum Abbild mehr, als Bild vom eigenen Bild.

Die Stunde der wahren Empfindung

Irgendetwas war da. Kein Zweifel.
Ein starkes Gefühl. Und mehr noch. Im Ansatz
ein Wissen sogar. Im Ansprung,
jählings, brach es herein.

Und brach auf. Stellte still.
Diese sichere Ahnung von Unsicherheit.
Die Welt! Welche Enttäuschung!
Denn plötzlich erschien das,
was einfach so da ist,
leichthin und durchaus erstaunlich
als schöne Erscheinung.

Fantastische Welt, so vor das Nichts gehalten,
gleichsam von hinten beleuchtet,
wie auf Seidenschirme getuscht,
ganz zart die Frachter am Main,
wie von Licht nur gehalten
der Schober im Märkischen Buckow,
transparent die gedeckten Bänker in Frankfurt,
sie durchquerten den Park diaphan
wie in einer Art höherem Singspiel.

Alles passierte und konnte passieren,
so grundtonerhöht, dieses Ich, und so heiter,
so traumgewandt sicher und auf Durchlass gestimmt,

inmitten dieser hingezauberten Welt,
unter haarsträubenden Perspektiven,
im Angesicht ihrer hohen und fordernden Absurdität.

Traumhafte Welt, schöne Bescherung,
doch was ist ein Leben?
Nichts oder alles als Anhauch
dieses ganz Andere,
das den Widerspruch aufnimmt und wagt.

Was aber war dieses Andere?
Offen gesagt: Ich weiß es nicht mehr genau.
Es war ziemlich naheliegend
und zugleich ziemlich schwer.
Es entzog sich, und ich wollte,
offen gesagt, dem Ziehen nicht folgen,
ich zog in den Lebensvollzug.

Wer auf einem brüchigen Schiff ist,
der hat nur eine einzige Wahl:
springen und schwimmen
oder dulden und bleiben.
Mir fehlte zum einen der Mut,
zum anderen sah ich Ithakas Küste,
sah ich die Hirtenfeuer nicht.

Zahnlos geworden am Konjunktiv,
gebüttelt unter einer stets ausstehenden Zukunft,
eingehaust in den Gehäusen,
stand ich und duld ichs und blieb.

Oranienburg

Aufs Ganze gesehen,
war dieses Ich schon sehr schwach.
Mehr Echo als Stimme.
Eigentlich kaum der Rede wert.
Alles so-so.
Nie war es so wirklich wirklich
wie etwa Giovannis Eismobil,
das lärmend, lila und lustvoll
gerade durch Oranienburg rauscht.
Von der enormen Präsenz und dem Pathos
eines Berliner Bademeisters ganz zu schweigen.

Nie hat es einen auf Luther gemacht,
dort, wo es stand, musste es nicht stehen,
es ging gerne zur Seite. Es konnte auch anders.
Es konnte bequem sich bequemen.
Nie hat es Flöten aus Weiden geklopft,
nie Geschichte geschrieben,
ist nie nackt durch ein Rapsfeld gelaufen,
selbst der Lokalteil kam ganz gut ohne das kleine Ich aus.
Es hätte, offen gesagt,
mit sich selbst nicht tauschen mögen.

Pokale und Preise: Fehlanzeige,
nirgendwo Eppich, Ehrengebinde oder gar Eichenlaub.

Als Liebhaber, sagen wir: Schnitt,
keine Träne hing ihm nach,
Blumen musste es sich schon selbst kaufen,
das Dramatische fand immer anderswo statt.

Schade, sehr schade. Und doch
hat dieses kleine Ich
eigentlich nie den Eindruck jemals verloren,
dass alles, was sich hier so lutherisch,
ja bademeisterlich aufspreizt,
so dick tut und schwer tönt,
nichts als ein Lied ist,
ein kleines Lied, das in ihm spielt.

Da mag Giovanni gerne weiterhin
La Cucaracha hupend durch Oranienburg ziehen,
es hilft ihm nichts und bleibt ein kleines Lied.
So müde vom vielen Schwimmen,
so parkbankversunken und sommersatt,
so weltschwer und wirklich wirklich
liegt das Ganze so oder so,
als Ganzes gesehen,
letztlich und leichthin hinter seinen Lidern.

Sweet but Psycho

Im Lauf der Zeit

- »Erzähl mir bitte keine Geschichte!«
- »Aber ich bin doch nur eine Geschichte!«,
eine Geschichte, die aus Geschichten besteht,
aus Zu- und Abschreibungen,
ein mittelmäßiger Mythos
aus so viel Hörensagen, schlichtem Geschwätz
und implodierten Imaginarien,
ein Schuttberg aus den Endmoränen der fünfziger Jahre.
Entschuldigung.

Ich war nie auf der Höhe der Zeit,
meistens kam immer die Bundesliga.
Die Gegenwart blieb mir unklar,
der gelebte Augenblick enorm tief verschleiert.
Mir erschien immer alles notwendig,
und wenn das Gegenteil des Notwendigen kam,
erschien mir auch das wiederum notwendig.
Das nenne ich: so richtig im Unklaren sein.

Ich komme aus surrealen Räumen.
Ich habe den *Blauen Bock* gesehen.
Ich habe Wirklichkeiten erfahren,
die an Fieberträume grenzen.
Sagen wir es so: Wer *Heinz Schenk* jemals erblickt hat,
der ist für die Erlösung verloren.

Ich würde gerne neu anfangen.
Aber ich leide unter Wiederholungszwang.
Ich leide an Sinn. Ich neige stark zum Klischee,
zur Korpulenz, zum Begriff.
Sorry. Meine Schuld.

Ich bin eine Geschichte, die aus Geschichten besteht.
Ich wiederhole mich. Glaube ich zumindest.
Ich lebte in den Seifenblasen einer maulwarmen Zeit.
Ich wohnte lange im sozialen Wohnungsbau,
ich kenne nur Wald- und Wiesenlieder.

Neue Zeiten, neue Mythen,
neue Mythen, neue Lieder.
Ich hätte ihn gerne mitgesungen,
den neuen Sound im Rauschen der Welt.

Erste Liebe

Die erste Liebe kam einfach zu spät,
ich las schon lange Beckett.
So ganz ohne Sex
war das Leben völlig absurd,
so völlig absurd,
war das Leben ganz ohne Sex.
Ich trug meistens schwarze Pullover.

Mit der ersten Liebe,
der schönsten Frau nördlich des 50. Breitengrades,
ging ich ins Frankfurter Schauspiel.
Wir sahen *Warten auf Godot*.
Sie fand alles absurd und wollte einfach nur gehen.

Eine Landstraße. Kahle Bäume. Abend.
Heimfahrt in die hessische Provinz.
Sie war hart wie ein Brett.
Schöner Abend,
rief sie mir aus sicherster Entfernung,
ihr ferner Körper tief schon im Hausflur,
über ihre sehr hohe Schulter zu.
Das ist dann wohl nichts, dachte ich flink.

Kurze Zeit später floss sie dahin.
Gründe gab es keine dafür.

Das ist wohl die Liebe, dachte ich flink.
Ich war hart wie ein Brett.
Es begann eine sehr schöne Zeit.
Es regnete viel in den wenigen Wochen.
Ich kaufte mir einen neuen Rollkragenpullover.

Es waren suppige Tage,
grundsuppige Tage, ganz spät im Herbst.
Der Nebel troff von den Zweigen.
Irgendwann stand sie halbnackt
in meinem winzigen Zimmer und sann:
Nicht völlig uninteressant, sagte sie, sei es zu wissen,
dass sie unlängst versuchte,
sich dieses sinnlose Leben zu nehmen,
jedoch ohne Erfolg, wie man ja sieht.

Das sah ich.
Ein Engel der Melancholie
auf Subbotnik in der seelischen Taiga.
Die große Liebe!
– zumindest perspektivisch betrachtet.
Ich sehe sie heute noch nackt
in ihrem dunkelblauen Sweater.
Ich verstand. So direkt
gegen das Nichts gestellt,
war nahezu alles ein Ereignis.
Sie sagte: sorry, und ich sagte: klar.

Ein Vierteljahrhundert später sah ich sie wieder:
Rügen, Fischlokal Lissek, Meerblick und Sommerterrasse,
eine schwer gestirnte Nacht im August,
der Mond ging gewaltig,
das sah man sofort.
Ich saß mit meiner letzten Liebe zu Tisch.
Wir aßen wie immer Kröte.
Sie rauschte wie eine Kastanie, ein Haselnussstrauch,
mit einem Hirsch mehr als Mann
inmitten eines rehbraunen Geschlechts von Zentauren.

Sie schaute nicht unfreundlich zurück,
leider ohne leisestes Erkennen,
so wie man etwa einen Frosch anguckt,
also eher unter Gattungsaspekten,
zoologisch und nicht ohne Empathie
für jedes einzelne von Gottes Geschöpfen,
doch – Hand aufs Herz – ein Frosch sieht wie der andere aus.

Meine letzte Liebe dachte,
ich sei nun vollends mondsüchtig geworden
und finge gleich an zu heulen.
Ich sagte, da ist nichts.
Was sogar stimmte. Es war ja auch nichts.

Letzte Liebe

Wo aber stand sie,
als sie so vor mir stand,
in Schlagdistanz stand,
mit so sicherem Stand,
ich verstand ihren Stand nicht.

Was aber sah sie,
als sie mich dann so sah,
so sichtachsennah,
mit so sicherer Sicht,
ich sah ihr Gesicht nicht.

Wessen Worte sprach sie
als die Worte sie sprach,
diese deutlichen Worte,
ich kannte die Worte,
den Ort ihrer Worte nicht mehr.

Es war ein schwerer Gesang,
der so aus ihr sang,
und zunächst wohl ein kleineres Lied war,
ein ganz anderes Lied,
das in ihr geschieht,
ein neuer, ungeheuer neuer Klang.

Betrachtungen bei der Betrachtung eines Bechers

Auf dem Tisch der neue Becher,
ein Mug aus einfachem Steingut,
wie es ihn in jedem Laden gibt.
Das Motiv: Ein Hirsch,
der zwischen rankenden Rosen herausschaut.
Sie guckt sich vage den Hirsch an,
der Hirsch guckt vage zurück,
und beide verstehen die Welt nicht mehr.
Früher konnten Hirsche den ganzen Tag retten,
auch Frauen und Rosen waren nicht so stumpf.
Kleinigkeiten kitzelten die Welt:
ein Lichtreflex am späten Nachmittag,
eine Brise, die abends durch den Raum ging,
knatternde Fahnen im Wind,
Schnee, der auf die Zunge fiel,
tiefe Atemzüge hatte die Nacht.
Oft aß man damals Musik.

Sind die Dinge dümmer geworden?
Wo ist der Tau, der einst auf ihnen lag?
Gab es überhaupt Tau? Was ist eigentlich Tau?
Diese taubstumme Prosa des Augenblicks!
Dieses resonanzlose Hier und Da,
und dann wieder Hier.
Schleifen, Schlendrian, Selbstreferenz.

Wie Harz rinnt die Zeit
aus den Spätsommerbäumen.
Die vielen Tage bilden keine Summen mehr.
Und: Wo ist der Wind?

Stimmt es, dass am Ende der klassischen Zeit,
mitten im Verfall des Römischen Reiches,
die Flüsse täglich dünner schienen,
die Berge so flach, ja handrückenartig,
und die Sterne matt wie hingegähnt?

Sie guckt müde den Hirsch an,
der Hirsch guckt müde zurück.
Vage zwischen Ranken und Arabesken,
vage wie ein später Spätsommertag,
mürbe wie Fleisch und Steingut.

Welt und Ich

Nicht, dass mir am Ende noch Unterhaltsklagen kommen,
ich habe sie immer dick alimentiert.
Mit geschwungenen Formen und glatten Beinen,
und dieser lustigen Sache dazwischen,
in das die Männer wie in eine Schwarzwälderkirschtorte fielen.

Auch war sie nicht besonders dumm,
und wenn sie besonders dumm war,
dann fiel es keinem auf, denn ich gab ihr genug freie Zeit,
zu lernen und das Gelernte auch wieder zu vergessen,
zu wissen und zu wünschen und beides zu glauben,
denn es war eine Zeit, in der das Wünschen noch half.

Das nenne ich: Fürsorge.
Die Winter wurden milder und der Sex härter,
der Zins stand immer hoch am langen Ende,
die Raumzeit kam in Mode, der Ei- und auch der Quanten-
sprung,
und selbst der weibliche Orgasmus wurde zuletzt noch entdeckt,
fette Zeiten, und sie mitten darin, Laus und Venus im Pelz.

So lange sie lebt, wird sie jung bleiben,
so jung, dass selbst die alten Leute ihr irgendwann jung erschei-
nen,

---

so weit über Jahre und Jahre hinweg reichte meine schützende
Hand,
die ich vor das, was sie suchte, die Sonne, hielt,
sodass die schönen Dinge so schön auch blieben
und sie nicht geblendet werde von viel zu viel Licht.

Schopenhauer und seine Geliebte machen eine Kahnpartie

Ein Bild wie von Spitzweg gemeißelt:
Der Philosoph und die Jungfrau im Kahn,
der Philosoph ist vom Willen gegeißelt,
die Jungfrau wähnt sich im Wahn.

Die Jungfrau hat gleichsam als Lichtschutz
einen Schirm, obwohl die Sonne nicht scheint,
er dient ihr auch nur als Sichtschutz
für den Philosophen, der grimassiert und greint.

Der Philosoph spricht mehr und mehr Worte
an seine künftige Jungfrauenbraut,
sie sorgt sich nun sehr um die Pforte,
um ihre zünftige Jungfrauenhaut.

Sieh nur, nun schenkt er ihr Trauben,
rote, wie ein einziges liebendes Wort,
sie lässt ihm galant seinen Glauben,
und wirft, so beschirmt, die Frucht über Bord.

Endlich sind beide zufrieden
und finden die Kahnpartie gut,
der Jungfrau sind hellere Tage beschieden,
dem Philosophen die dunkle Flut.

Gala

»Weißt du noch, Gala, – Paris,
wir saßen auf Basaltchimären
und dachten, die Zeit hielte ein.
Gala! – Notre Dame!!
Ein Blick von dir
warf ganze Gedichtzyklen auf,
sag, Gala, weißt du es nicht?«

Nein – sie weiß es wirklich nicht mehr.
Nur flüchtig noch huscht diese Zeit
– suchscheinwerfergleich –
durch das blendend erhellte Bewusstsein.
Gala ist jetzt ganz Gala,
ist ganz große Welt.

Doch auch er, der so inständig schreibt,
steht längst nicht mehr ein, er betreibt
nur noch ein Ritual,
Verlustbeschwörung, Initial
aller Kunst.

Auch er, der verzweifelt schon wünscht,
wünscht die Tage nicht mehr zurück.
Denn kämen sie, er könnte sie gar nicht mehr halten,
sie kommen auch nicht mehr, sie entfalten
nur noch – das reine Gegenbild: das Glück.

Letzte Lockerung

In der Nachsaison des Erotischen treiben die Worte bauchauf.
Küsse wie Inflationsgeld, Sex wie ein Krippenspiel,
Rammeln im Restlicht, Nachbilder,
versunkene Frauen, in die er, in mir versinkend, versunken war,
erotische Algebra, Riemannsche Räume,
Idyllen wie von Escher gezeichnet,
genitale Bastelstunden, Marionettentheater,
Bugwellen der Frustration, Eisberg voraus!

Ein Tanz auf der schiefen Ebene.
Alles gleitet: die Gesten, das Geschirr, die Bögen,
die Deckstühle gleiten, es gleiten die Horizonte.
Worte ohne Wiederkehr. Ich dich auch.

Tiefrote erotische Unternehmungen,
Fellatio bei fallierendem Geschäftsbetrieb,
Karneval des Fleisches, Nullsummenspiele.
Weiber mit Bärten, Männer mit Brüsten,
wer fickt nun wen, und vor allem: wozu?

Der Seelenkitsch des 20. Jahrhunderts jetzt auch als Sampler:
Erschöpfte Sprachspiele, müde Gelenke,
totalitätsfühlig und todesnah und tief in autogenen Tunneln,
Körperschwere und immer diese hohe Gewesenheit.

Die Gesten von gestern hinter den Augen,
ein Massengrab der Bilder und Blicke, der einzig wahren Stunden.
Tief bedeckt mit den braunen Blättern der Tage,
Biosäcke, randvoll mit Lebenslaub.

Ein sehr kurzes Gedicht über die Liebe

Ich sehe was,
was du nicht siehst,
und das bist du.

Frühling (jung)

Frühling ists, und die Frauen, sie blühen,
aus U-Bahnschächten rauscht es empor
und tauscht sich aus im Taumel des Frühen,
vergibt sich und flackert in Flitter und Flor.

Die Luft der Städte schwirrt voller Gebärden,
wie Blüten, der Pollenflug macht uns lasziv,
wir lassen uns los, wir dividuieren und werden
ganz haltlos, vernarrt und grundlos naiv.

Magnolienlachs und flappige Rosen,
die Kelche so fleischig und scheidenartig gebaut,
und immenblind hinein in das Tosen,
insektenverblödet in Kelche, in Mund und an Haut.

Aufbricht es! – es knospet aus Bitumen,
aus Stränden hervor, des Lichts zu schauen,
nichts kümmert hier mehr, allein noch die Blumen
und all die Traum- und Trümmerfrauen.

Prinzenstraße

Die Geschichte meines Lebens ist schnell erzählt:
sie dauerte ein paar Sekunden,
so lange, wie ein Blick dauert,
ein gelebter Augenblick,
den man für immer verspielt hat.

Ein blauer Blick, ein Blick ins Blaue
inmitten der U-Bahn,
die schwer ins tiefe Kreuzberg zog.
Blond war er, dieser blaue Blick,
oder war es die Sonne,
die trommelnd durch die Scheiben schlug?

Es ist nicht leicht, einem Blick standzuhalten,
inmitten des Dunkels des Augenblicks,
ich senkte die Augen, gegenwartsdumm,
in mein Buch, das mit ewigen Dingen daherkam.

Was kostet es, einen Blick zu erwidern,
die Hand zu heben, ein Lächeln, ein Wort?
Viel. Es kostet das Leben,
das so trassengleich ins tiefe Kreuzberg zog.

Eine Kausalkette durch eine andere beenden,
neue Reihen zu beginnen,

indem man grundlos vom Sitz sich erhebt,
neue Ursachen und Folgen daraus,
Begebenheiten, Sachverhalte,
Fortschreibungen bis ins Unendliche hinein.

So blieb ich sitzen,
an diesem Punkt mit post und ante,
während der blaue Blick
an der U-Bahn-Station Prinzenstraße
für immer verschwand.

Ante, das waren pubertierende Praktikanten,
post praktizierende Gemütspubertäre,
Mundorgelspieler, Maulaffen, Mondsüchtige und Muttersöhne,
und einer von ihnen wurde mein Mann.

Es war Liebe auf den letzten Blick.
Wir zogen nach Remscheid
– ein Reiheneckhaus.
Eigentümliches Eigentum!
Nicht, dass ich etwas gegen Remscheid hätte,
aber mein Mann wurde richtig fett
in diesem rahmigen Remscheid
und kratzte sich häufig am Schritt.

Ich tat es nur für meinen Sohn,
den es noch gar nicht gab,
dass ich der Beiwohnung beiwohnte.

Ein Fehler, wie man jetzt weiß,
denn auch mein Sohn kratzt gerne sich am Schritt.

Mein Mann verschied im Amtsgericht.
Sein Sohn lotst in Zürich-Kloten die Flüge
und sieht zu, dass sie nicht mit den Engeln kollidieren.

Man kann sagen: das ist die Notwendigkeit,
man kann auch sagen: genau das ist Dummheit,
die jetzt, wo alles vorbei ist,
als blinder Fleck zu mir aufblickt.

Letzte Lockerung II

Wie oft hat er »Jetzt« gesagt?
Niemals. »Niemals«, sagt er.

Abgegriffene Tricks, mentale Reservate,
Tapetentüren, viel Optionales,
ganze Passagen,
die in geistigen Gänsefüßchen stehen:
»Ne, is' klar«.

Phrasen, Parlando, routiniertes Gezwitscher,
Anklänge an Anklänge an Anklänge
eines längst gedeuteten Traums.

Wirklichkeiten: das sind schlaffe Eier
und fledermausartige Hoden,
das scheckheftgepflegte Altherrenglied,
ein sauber ausgesaugter Schlauch.
Höchste Konzentration beim Orgasmus:
Bitte zurücktreten von der Bahnsteigkante,
der Nahverkehrszug aus Dortelweil
läuft jetzt ein!

Ich sehe sein Gesicht
und all die Fressen,
die sich in seiner Fresse spiegeln:
Laura Reschke zum Beispiel,
das grazile Kastenbrot,
oder die glupschäugige Goetz,
Fregatten der schweren Doppel-D-Klasse.
Man kann sich ja waschen,
sagt man gemeinhin –
auch eine Art von Philosophie.
Die Vermischung ist der Tod.
Leben leider auch.

Wie oft habe ich »Niemals« gesagt?
Jetzt. »Jetzt«, sage ich auch.

Ein sehr kurzes Gedicht über die Unmöglichkeit der Liebe

Du siehst etwas,
was ich nicht bin,
und das wärst gern du selbst.

Die nette D.
für E.

Die nette D. war nur für Dich vorhanden,
allein für Dich, und das auch ziemlich temporär,
bevor dies Du und damit auch die nette D. verschwanden,
die D. warst Du, Dir ward die D. am Ende fremd und schwer.

Die nette D., sie figurierte stark in Deinen Stücken,
auch hattest Du im Stück der D. recht großen Raum,
nur dieses D. und Du, es konnte Dich und D. beglücken,
nun träumt ein anderes D. und Du den großen Traum.

Man spricht gemeinhin, dass die Seelen,
dies D. im Du gemeinsam es vermag,
doch wissen D. und Du, die Asphodelen,
dass auch auf ihnen einst ein Sommer lag.

An langen Sommerabenden

An langen Sommerabenden
lagen wir breit in den Liegestühlen
und schauten hoch in die tiefe Luft.

Wir sprachen über Gott und die Welt.
Und wie kleine silbrige Fische
zogen die riesigen Flugzeuge
seelenruhig und schnell wie der Schall
durch den endlosen tiefblauen Himmelssee.

Da boten sich wie von selbst
Betrachtungen über den Raum an:
Sehr schnelle Dinge
wirken in sehr großen Räumen sehr langsam.
Sehr große Dinge
werden in noch größeren Räumen sehr schnell sehr klein.
Oft hielten wir, nur so zum Spaß,
die Maschinen zwischen Daumen und Zeigefinger,
wie Götter das an Sommerabenden tun.

Auch sannen wir gerne
den Kondensstreifen nach,
die schwanenweiß
zwischen Tann und Silberpappel flockten.
Sah man sie, so waren sie da und flockten,

sah man kurz einmal weg, so waren sie fort,
und keiner vermisste ihr schwanenfarbenes Weiß
oder gar das Flocken selbst.

Eigentlich schön, sagte sie,
dass es den Raum gibt,
denn nur im Raum
sieht man all die schönen Dinge,
die so ganz ohne Raum,
seien wir ehrlich,
viel schwerer zu erkennen wären,
um nicht zu sagen: überhaupt nicht.

Ja, sie war Gott,
solange sie lebte.
Der Mittelpunkt der Welt,
das Maß und die Mitte,
ihr Mittelmaß.
Ich denke selten an Gott,
und wenn, dann wirkt es doch wie handgekurbelt,
wie in einem flackernden Licht.
Auch scheinen mir die Bilder flach und flüchtig,
so ohne Tiefe und Raum,
doch so ganz ohne Raum,
seien wir ehrlich,
sind die Dinge schwer zu erkennen,
um nicht zu sagen: überhaupt nicht.

An langen Sommerabenden,
schaue ich lange allein in die Luft
und denke an eine Welt ohne Gott.
Ich bin ihr Mittelpunkt,
Mitte und Maß in einem.
Und wie silbrige Fische
ziehen die Flugzeuge
mit ihrem Wolkengefolge
seelenruhig und schnell wie der Schall
durch den nachtblauen Himmelssee.
Sieht man sie, so sind sie da und flocken,
sieht man weg, so sind sie fort
und keiner vermisst ihr Schwanenweiß
oder gar das Flocken selbst.

Gleisdreieck

Ist es nun so, dass der Lauf eines Lebens
wirklich dem eines Flusses gliche,
der quellfrisch und entscheidungsfroh
durchs nahe liegende Land läuft,
um vielgestaltig und am Ende schwach,
aber mundmündig durchs Delta
matrixgleich ins Meer sich ergießt?

Zunächst einmal: Wir sind keine Flüsse,
für uns gibt es kein Meer.
Wir fahren bestenfalls auf einem Kahn,
oder, so Aristoteles, zumeist auf einem *Notkahn*,
wohl so eine Art Floß,
durch das, was man stimmungsvoll *das Leben* nennen könnte.
Nette Metapher! Netter Versuch!

Wir folgen zumeist Handlungsvektoren,
den 70 Grad des Augenblicks,
wer weiß, was man alles vom Rücken aus sähe,
vielleicht verschwinden hier einfach die Dinge,
um sich von so viel Zudringlichkeit zu erholen.

Deine Vorsehung ist die Dummheit,
die träge Haut, das so übernatürliche Schicksal,
der faule Pelz, mein Freund,
war ja schon immer dein Gott.

Der Zufall ist nur für die Dummen da,
im Irrtum erscheint das Geschick,
was je gewonnen, auch schon verloren war,
im Schiffbruch, mein Freund, liegt das Glück.

Ein Märchen

Meine Scheidung fiel in den Mai.
Es soll, so hieß es,
ein sehr schönes Frühjahr gewesen sein.
Das muss wohl auch stimmen:
Die Tage waren gleißend,
die Nächte schwer und schweißnass.

Am Ende des Sommers
sah ich das erste Mal mein Haus wieder,
in dem ich doch die ganze Zeit
gewohnt haben musste.

Es war bis unter das Dach
mit Efeu umwuchert.
Richtig: Irgendwie erschien es
mir grüner als sonst.

Aus dem Schuppen holte ich die Leiter.
Doch ich bemerkte schnell:
Sie war viel zu groß für mich geworden.
Und eine Kinderleiter besaß ich nun nicht mehr.
Auch war ich sehr müde, und so ließ ich es sein.

Spätsommertage am Stadtrand

Seit Wochen schon an die 40 Grad
– *det is der Klimawandel, glob' ick zumindest* –
mannshohes Unkraut und eine kreislaufschwache Stadt,
Tage wie in der Cyrenaika, Nächte wie unter einem Elefanten-
arsch,
mit einem Wort: ein Jahrhundertsommer, mal wieder, in Berlin.

In den Bäumen tief getriebenes Kupfer.
Schneller sinken die Sonnen jetzt.
Das Jahr steht breit schon in den Fluren
und will, man spürt es sehr deutlich, hinaus.
Und dann auch noch diese späten und schwierigen Blumen:
Gladiolen, der Phlox und die Dahlien,
diese Rentnerblumen mit ihren schweren Blättern,
hart wie der Grünkohl, hart am nahenden Herbst.

Eine junge Frau kommt die Straße entlang,
im Tanktop, mehr Geschoss als Frau,
im Fußlauf ein Golden Retriever.
Ach, das ferne Land!
Brand und Glut und Entropie.
Am Gartenzaun Geschäker
mit dem Sohn des Nachbarn,
der noch ein Kind ist –
nee, irgendwie falsch:

Unter täglichem Rasieren und Fetterwerden
sieht er jetzt aus wie ein jüngerer Sexgott
und küsst das Geschoss schon im Hineingehen.
Wohl weht noch der Wind,
doch gehen nun andere zu Segel.

Mein Herz weiß jetzt, was Sehnsucht ist.
Ach, das verlorene Land,
dieses ganz ferne Land des Lächelns.
Dies Märchen wirst du nicht mehr sein.
Alles verwandelt sich, das Leben, die Liebe,
selbst das Verwandeln verwandelt sich.
Und wohin? Ins schiere Vergessen,
ins Nimmermehr, Niegewesensein,
ich würd' so gern die Heimat sehen!

Geschlechtsverkehr mit einem Golden Retriever
ist an und für sich kein großes Problem, da kann ich mitreden.
Der Hund, weit entfernt von irgendeiner Erregung,
laust sich seelenruhig im selben Raum das Fell,
während sein Frauchen stöhnt, als nahte das Ende.
Seltsam und undenkbar dunkel diese Mehrweltlichkeit,
diese absolute Gleichgültigkeit im absolut Gleichzeitigen.

Meine Tochter schickt mir eine Nachricht aus Antibes:
Ohne dich ist die Welt viel schöner.
– ich habe es schon immer geahnt.
Palais Grimaldi, Hashtag Picasso:

Immer nur diese Bacchanten und Böcke,
dieses flötende fußkranke Faunzeug –
wenn das das 20. Jahrhundert war,
dann habe ich keinen Tag verpasst.
Schade. Ich hätte ihr gern noch mein Leben erzählt.

Späte Tage, Sommertage am Stadtrand,
Tage, die schon tief in der Türe stehen.
Alles beugt sich, sagt Valet, ist müde und brennt,
so abschiedsschwer, so schattengeil,
drängt sich an Mauern und fackelt dahin.
Die Wirklichkeit, das große Undsoweiter:
ein Flammenmeer, ein Feuer
unter schon ferneren Lidern.

Post Festum
für Jürgen Ebert

Fast alles, was wir wussten,
erwies sich letzthin als falsch.
Auch eine Art von Phänomenologie des Geistes.

Frauen sind überhaupt nicht frigide,
eine erstaunliche Erkenntnis,
die jetzt leider etwas zu spät kommt.
Auch die Fibonacci-Zahlen
korrelieren keineswegs mit den Kursen,
was immerhin die enormen Verluste erklärt.
Selbst Hänsel und Gretel gibt es nicht.

Alles schöne Märchen: Der Geist,
der Goldene Schnitt, die Ausbeutung der Dritten Welt,
ja, diese Dritte Welt selbst, ein reines Phantasma
aus endgeilen Chinesen und Schwarzafrikanern,
die sanft über Schaufelstielen schlummern,
sofern *Chinese* hier noch der politisch korrekte Begriff ist.

Schade um all die vielen Klöppelstunden
in Politischer Theorie, in Charttechnik,
um all die falschen Orgasmen,
hingestöhnt und hingehechelt,
um diese mundgemalten Evidenzen der Zeit.

Nackte Frauen sagen uns gar nichts.
Die hohlen Nüsse des Tiefsinns
sind allesamt restlos geknackt.
Selbst die Niederlagen waren letztlich ohne Bedeutung.
Um vom Siegen erst gar nicht zu reden.
Immerhin lassen die Obsessionen jetzt nach.

Kein Wahn treibt uns mehr an.
Die gelben Birnen sind gegessen,
die wilden Rosen verschenkt,
ledern knattern die alten Banner im Wind.
Schon redet das Meer.

So seelenruhig können wir auch seelenehrlich werden:
Der Familienroman hatte seine toten Winkel,
die meisten Engramme abgekupfert,
die Erinnerungsbilder nachkoloriert,
der modus vivendi virenverseucht.

Da braucht es keine Landungsbrücken,
auch keine Landzungen mehr inmitten des großen Vergehens,
noch Zungenland, noch Brandungslücken
in dieser Furie des Entstehens.

Banale Mystik

Formen II

Mein Großvater lebte mit den Tieren,
half ihnen auf die Welt,
fütterte und versorgte sie,
sprach mit ihnen, kraulte ihnen das Ohr
und hielt ihnen seelenruhig den Bolzenschießer ans Hirn,
um sie dann – nach einem Blutbad – zu essen
(ich aß sie übrigens auch gerne,
allerdings dachte ich romantischerweise,
die leckeren Mettwürste fielen einfach so vom Himmel,
was zwar bequem war, wenn auch nicht völlig falsch).

Mein Großvater hat nie unter Gottesnot gelitten,
er litt unter dem Verfall der Blumenkohlpreise,
Blumenkohlhandel, hartes Geld,
fast schon mit eigenem Fleische bezahlt.
Nie zog es ihn in die wollüstigen Städte,
er schälte den Baum, zerhackte das Rind,
statt Rosen gab es Rosenkohl,
der machte satt und ließ die Darmflora blühen.

Rilke kannte er nicht, er las den Burgdorfer Boten,
sein Bondi-Beach war ein Bad in der Fuhse,
Lourdes und Marienbad in einem einzigen Sprung.
Was war dagegen schon das Mittelmeer,
dieser grundfaule Laugensee,
dort, wo die Unzucht wie Macchia wächst?

War mein Großvater nun etwa Jahwe,
der tückisch wütende Wüstengott?
Könnte man glauben, so fern ist diese Zeit.
Hat er die tauben Gräser brottragend gemacht,
zum Weizen erhoben, den Wolf domestiziert,
und das Wildpferd unters Joch gebracht?
Nicht dass ich wüsste, und so alt bin ich nun auch nicht.

Und doch steht dieses halbe Jahrhundert so unendlich fern,
viel ferner als das nordische Packeis,
über das wir gerade fliegen, während die Sonne
wahlweise auf- oder untergeht.
Wo sind die Dinge geblieben?
Also: die Sachen selbst in der virtuellen Welt.
Ein interessantes Thema für einen weiteren Kongress,
für ein weiteres Sprachspiel,
das den Schnorchelurlaub nur flüchtig verschleiert.
Überall Texte und nirgendwo ein Referent.

Ja, mein Großvater war wirklich Jahwe,
schwer verkettet in der niederen Welt,
aber auf seinem Feld stand Korn und kein Schwindelhafer,
die Blaue Blume war kornblumenblau,
die Kartoffel blühte weiß wie die Mittagsblume der Côte d'Azur,
er war nicht geworfen, sondern lebte und starb,
und stand dabei so tief und mitten im Geheimnis,
von dem er überhaupt nichts wusste,
denn das Geheimnis ist die Zeit,
die er nicht kannte.

Regen fiel.
Der Früh- und Spätregen fiel,
der liebliche Landregen fiel,
es fielen die Tage, die Blätter, die Sterne.
Im Frühjahr Salat und im Spätherbst der Grünkohl.
Blutrote Sonnen am Himmel,
die Luft war schwarz vor Fliegen,
die Winteräcker wie vom Schwachsinn befallen.
So wechselten die Bilder: das Sternbild der Egge,
der Brachmond, der Schnitter, der Flegel.
Dann wieder Lammung und Weihnachtsgebäck.
Eine magische Welt, diese sechziger Jahre,
tief im norddeutschen Tiefland,
überall Referenten und nirgendwo Text.

Das Paralleluniversum

Aha. Paralleluniversum. Aha.
Schon lange nichts mehr von dir gehört.
Du bist von vorne wie von hinten: Aha.

Kaum lässt man die Kausalität einmal allein,
schon macht sie es sich selbst. Schäm dich, Kausalität!

Kaum lässt man die Zeit einmal allein,
schon wird sie weich wie Rindertalg
und bildet eine Raumfunktion aus.

Kaum lässt man ein Universum einmal allein,
schon stellt es sich verliebt vor den Spiegel
und denkt, da sei ein Paralleluniversum.

Die Leute sagen, du wärst.
Lass sie es sagen,
denn sie wissen nicht,
wo der Kirchturm steht.

Dabei steht der Kirchturm,
erbaut von fleißigen Handwerkern,
in der Mitte des Dorfs
und schlägt genau drei Uhr.

Das ist Empirie:
zu wissen, wann es drei Uhr ist.

So wie der Raum dazu da ist,
um zu sehen, wo der Kirchturm steht.
Hätte man gar keinen Raum,
könnte man den Kirchturm unmöglich finden.
So einfach ist das.

Hingegen die Kausalität der Kausalität
führt nur zu holprigen Hauptwörtern,
und ruht sich irgendwann im Big Bang oder im lieben Gott aus,
zu dessen Ehren ja der Kirchturm immer noch im Dorf steht.

Warum nicht der Himmel?
Ein viel schöneres Wort.
Könnte es sein, Paralleluniversum,
dass du ein gottloser Angeber bist?
Ein Gleichungsgott, ein Gott der Physik,
schäme dich was, Paralleluniversum, du eitler Geck.

Paralleluniversum, du nervst!
Quantenmechanik, schön und gut,
aber denke doch auch mal an mich.
Das Leben ist doch schon rätselhaft genug,
ich brauche keine Zweitexistenz
als Reptil, Photon oder Imperator
in einem ganz anderen Raum-Zeit-Gefüge,

sorry, Paralleluniversum, zu viel Stress.
Ich möchte auch mal Feierabend haben.

Ich sage dir: Blau ist die Farbe der künstlich eingefärbten Galaxien,
die so lustig durchs hirschbraune Wohnzimmer rauschen,
rot die Farbe deiner grünen Kirchturmspitze.
Dein Name tropft wie weiches Rindertalg,
du bist von hinten wie von vorne:
das Paralleluniversum. Aha.

Am Guadalquivir

Sie waren müde und sind die ganze Nacht gefahren,
und eine Sommernacht fällt tief in Spanien wie ein Speer,
als sie an einem Grenzfluss in Huelva waren,
wo Mensch und Tiere schliefen, und selbst die Schatten ihrer
schliefen schwer.

Sie gingen müd durch tagheiß dunkle Gassen,
an deren Ende lag immer bös und breit der dunkle Guadalqui-
vir,
sie irrten dumm durch matte Häusermassen
und fanden am Grenzfluss selbst noch ein Quartier.

Es war ein stilles Haus, und jeder nahm für sich ein Zimmer,
sie fiel ins Bett und schlief bereits im Fallen einen totengleichen
Traum,
doch irgendwann fiel irgendwo ein Licht, ein Schimmer,
ganz karg in diesen leeren, ja totenbleichen Raum.

Sie schaute auf und sah auf weißgekalkte Wände,
und für Momente schien es so, als gäbe es kein Zurück,
sie wusste weder wo noch wer sie war, und gar am Ende,
wer da noch fragen mochte, und empfand ein großes Glück.

Die Amsel II

An einem schönen Sommertag am Ende der Kindheit
ging ich mit meiner Großmutter in den Garten.
Dort lag, mitten im taghellen Gras,
eine Amsel mit gebrochenem Flügel.
Ruhig sagte meine Oma: »Naja«
und ging auf die Amsel zu,
nahm sie auf und drehte ihr kurz den Hals um.
Dann nahm sie das schwarze Ding
und warf sie im hohen Bogen
über eine brüchige Backsteinmauer
auf das benachbarte Brachland.
Noch einmal und völlig verzerrt
blähte der Wurfwind ihre Flügel.

Am nächsten Tag
schaute ich noch einmal schüchtern hinüber.
Da war aber nichts mehr.
»Schön«, sagte die Oma,
die lange schon tot ist,
»schön, und so soll es auch sein.«

Formen III

Dem Auge sichtbar, was da im Lichte erscheine,
und dunkel dies, was sich im Noch-Nicht nährt,
doch ist die Kraft dieselbe, das Eine,
das hier die Höhe und Tiefe dort gewährt.

So ordnen sich im Wechsel der Entfaltung
des Spermas, vom Genom, ja letztlich nur vom reinen Geist,
erst das Oben/Unten, Links und Rechts, Gestaltung,
erst Ja und Nein und das, was Tod und Leben heißt.

Was wir dann in der Höh erblicken
und das, was uns erblickend in der Tiefe ruht,
das ist aus *einem* Punkt erwachsen,
ist Bild und Spiegelbild um eine leere Achse
und teilt sich auf in Tag und Nacht und Flut.

Die Seele Kants

Als Immanuel Kant mit nahezu 80 Jahren
in Königsberg starb, da waren seine letzten Worte:
»Es ist gut.«

Seine zarte Seele hatte einfach die Fresse voll.
Wie eine Rokokomaschine mit Caterpillarantrieb
fraß sie sich durch die Anschauungsformen,
durch die Verstandes- und Vernunftkategorien,
durch Antinomien und Paralogismen,
um dann am Ende doch ziemlich allein zu sein.

Von außen betrachtet war der Tag des Abschieds,
der 12. Februar 1804,
ein ungewöhnlich schöner Spätwintertag.
Niemand, der hier in Königsberg lebte,
konnte sich auch nur von Ferne
an einen so besenreinen Himmel erinnern.
Allein ein kleines weißes Wölkchen
schwebte im preußischblauen Meer.
Das schauten sich staunend
die Umstehenden auf einer der Stadtbrücken an,
bis ein ganz hundsgemeiner Soldat
unter Missachtung der einfachsten logischen Regeln
zu dem naheliegenden Schluss kam:
»Seht, das ist die Seele Kants,
wie sie so leichthin in den klaren Himmel fliegt.«

Eine nahezu korrekte Erkenntnis,
und das von einem kleinen Grenadier!
Die Seele macht die Welt,
die mit der Welt entschwindet.
An sich völlig richtig!
Nur von einer Stadtbrücke aus
ist sie nie und nimmer zu sehen.
Sie ist, streng genommen,
überhaupt nicht zu sehen.
Sie sieht.

Also ein klassischer Fehlschluss,
dessen sich der Soldat,
nur zwei Jahre später,
irgendwo zwischen Jena und Auerstedt,
schmerzlich und leichthin bewusst werden sollte.

Betrachtungen bei der Betrachtung eines Bechers II

Dieser Becher, der uns so sentimentalisch gestimmt hat
– Hirsch zwischen Ranken und Rosen –
liegt andererseits hart in der Hand.
Wer aber sagt uns, es sei noch ein und derselbe Becher?
Zwei sinnliche Eindrücke ergeben noch lange kein Ding.
Irgendetwas muss ja wohl da sein,
zwischen all dem Fummeln und Fantasieren,
dem sublimen, spätbarocken Gefabel,
das nun sagt: Fresse halten, Trulla! Es ist ein Becher!
Also so eine Art von ZK.

Also eine Art innere Stimme.
Denn, Madame: Einmalig waren wir alle,
jung übrigens auch,
nahezu jeder war verliebt in Paris,
jeder streckte die Zunge heraus, wenn es schneite,
und seine Finger in die Erde,
um zu riechen, wie die Welt riecht.
Auch wir fuhren die schwarzen Pisten
der Erotik hinab.
Das ist nichts Besonderes,
selbst dann nicht, wenn es wie jetzt
in hoher Jammerblüte steht.

Was aber ist die Welt, das ist die Frage!
Wie kommt die Welt in die Welt,

die ja nichts anderes als ein immens großer Becher ist.
Dürfen wir, Madame, von einem Ich sprechen?
Also nun nicht ihr so sichtsatt summierendes Ich,
sondern von dem Ich als Zentralkomitee,
dem Ich als Funktion?

Sex und Schnee auf der Zunge
und Sommernächte in Paris,
alles schön und gut,
kennen wir auch, geschenkt,
aber wer hält den ganzen Lebensscheiß zusammen,
wer sagt, dass Sie Sie sind,
wer spricht hier leichthin vom Ich
und so obenhin von der Welt.
Sechzig Jahre, ungeheure Synthesen,
gestorbener Glanz und Gefühlsüppigkeit
– ein ganzes Leben, ein ganzes Universum,
denken Sie an Ihre Seele,
Sie schöne Seele.

Über die allmähliche Annäherung an Platon im Alltag

I.
Irgendwer, der sich hier besser auskennt
(und das ist nahezu jeder),
meinte: Eigentlich sei die gesamte Philosophie
nichts anderes als zweieinhalbtausend Jahre Platonismus.

Auch der Antiplatonismus
sei (erstaunlicherweise) Platonismus,
selbst Nietzsche (der Platon hasste),
blieb als umgekehrter Platoniker eben immer noch Platoniker,
und Heidegger (für den genau mit Platon der Abstieg begann)
sei, so sagt man, ein Platoniker vor dem Herrn gewesen.

Ich habe (offen gesagt)
Platon nie verstanden.
Ja, mehr noch: Ich habe noch nicht einmal das Problem gesehen,
und das nenne ich: eine Sache wirklich nicht verstanden zu
haben!

Platon, das war für mich:
irgendwas mit Idealismus.
Man kann ein Glas nur erkennen,
wenn man die Idee von einem Glas hat
(also dieses ganze Gedöns von Urbild und Abbild,
und das für einen banalen Lernprozess).

Auch sind mir (und ich rede immer noch offen)
diese Moiren und Parzen enorm auf den Dotter gegangen,
Schicksalsgöttinnen, Federvieh, halbe Hühner noch,
die der Seele Los und Genius beigaben
(ich kam nie über die ersten Zeilen hinweg).

Ganz zu schweigen von der Unterwelt, dem Acheron
(der übrigens ein kleiner munterer Fluss in Griechenland ist),
dem seelenwaschenden Acheronsee,
diesem ewigen Herumwandern,
dem Hades, dem Tartaros
voll mit sauber abgequälten Seelen,
ist das alles noch Plato,
oder ist das schon Plato unchained?

2.
Aber vielleicht,
so dachte ich ab und an später,
sei diese Welt der Ideen
nichts anderes als die irren Exempel
für einen wahrhaft großen Gedanken:
Die Welt sei selbst nur Idee
(wofür ich allerdings keine Gründe anzugeben wusste).

Als ich älter wurde,
kam mir (was eigentlich naheliegend ist)
die Unsterblichkeit in den Sinn.
Es kann (so dachte ich mir)

ja wohl unmöglich sein,
dass man 1960 aus dem Nichts
nach Wuppertal-Barmen kommt,
um nach Jahrzehnten
des fortgesetzten Vorsichhinlebens
(und gleichsam als Gratifikation)
in den Himmel abzureisen.

Nicht, dass ich etwas gegen den Himmel hätte.
Aber die Route ist so überaus verwirrend:
Nichts, Wuppertal, Himmel.
Warum nicht viel eleganter Sein, Seiendes, Sein?
(also in meinem Fall nun wiederum: Wuppertal).

Warum (so sagte ich mir)
sollte eine Welt,
die mir, um empirisch zu reden, in den fünfziger Jahren
doch noch ziemlich glatt am Arsch vorbeiging,
im Jahr 2037 (zum Beispiel)
eben diesen Arsch retten wollen?

Und nun die (naheliegende) Antwort:
Ja, wer sagt das: natürlich keine Sau!
Das ist (kurz gefasst): Nietzsche.
Aber das Problem ist:
Nietzsche war selbst blöd wie ein Schwein.

3.

Denn selbstverständlich gibt es nicht nur die Welt
(wie vitalistische Volltrottel meinen),
ja, man kann die Welt so noch nicht einmal denken
(was etwas umständlich darzustellen wäre).
Selbstverständlich gibt es zwei Zustände,
sagen wir: diese Welt und das Sein,
oder (wem das zu melodramatisch erscheint):
zwei Zustände: Z 1 und Z 2 –
an, aus – ein einfacher metaphysischer Binärcode.

Und genau das wusste (offenbar) Platon,
das weiß aber eigentlich jeder,
der (und sei es im Vollrausch)
über diese sehr einfachen Verhältnisse nachdenkt:
Z 1 und Z 2.

Alles andere ist Materialismus,
nämlich: Ameisenficken
mit entsprechenden Resultaten:
Die Wahrscheinlichkeit, dass ich in Wuppertal-Barmen
jetzt gerade eine Currywurst esse,
liegt empirisch und von meinem Stammvater,
dem Lurch, aus gesehen,
mittlerweile in einer Billiardenpotenz,
denn der Lurch musste erst noch kurz den Lurch zeugen
(bevor er als Currywurst gefressen wurde),
der dann den Affen und der meinen Vater,

in dessen Hodensack zwanzig Millionen
genetisch differente Spermien schwammen,
ein Glück, dass dieser kurz vor der Beiwohnung
nicht noch ein Steinchen vom Pflaster kickte,
denn sonst wäre die Lostrommel
im Besamungsbingo ganz schwer in die Unwucht geraten.

4.

Ich sage also: Ameisenficken,
materialistischer Bluff und sehr große Zahlen,
absurdeste Konstruktionen:
Der Big Bang, der heute so dick tut
und sich auf 14 Milliarden Jahre berechnen lässt,
hat die Zeit erst erschaffen, aha,
wie aber nennt sich die Zeit vor der Zeit:
Biene-Maja-Modus?

Komplett denkunmögliche Konstruktionen:
Ein Weltraum, der sich in neue Räume ausdehnt,
wie aber nennt sich ein Raum,
der noch nicht im Raum liegt:
Nennt man ihn Lummerland?

5.

Das alles wusste schon Platon,
das wurde auch mir endlich klar,
das weiß eigentlich jeder
zwischen Wuppertal und Mettmann,

dass wir gehalten sind
in diese Welt und dadurch zugleich die Welt wiederum halten,
also haltend im Halten gehalten sind,
sachlich gesagt: Z 1 und Z 2.

Keine Welt ohne Welt,
keine Welt ohne Dialektik,
keine Dialektik ohne die Zwei.

Die Eins, sie mag schön sein,
aber sie ist sehr einsam,
die Eins, und so überaus hell,
dass niemand sie überhaupt sähe,
so schön sie an sich auch sein mag.

In einer Novembernacht

In einer Novembernacht ging ich allein schlafen,
und schon der Tag war dunkel und so atmosphärisch schwer,
und zäh die Zeit, bis Müdigkeit und Schlaf sich trafen,
so lag ich zäh und müd und lange hin und her.

Dann traf mich Schlaf und mit dem Schlaf der Raum,
der Raum des Schlafes, dunkel zwar, doch immerhin: ein Raum;
ich stand im Traum allein in meinem dunklen Garten,
und es war Nacht, ich stand allein unter einem Baum.

Da kam ein Auto, ganz traumhaft und ohne viel zu fragen,
die Straße abwärts, schwer und schwarz und ohne Licht,
ein Freund stieg aus, wie selbstverständlich, ohne was zu sagen,
nahm eine Waffe und schoss mir mitten ins Gesicht.

Das ist der Tod, so dachte ich schon im Fallen,
so selbstverständlich, grundlos, aber immerhin: gerecht,
das ist der Tod, der in uns allen
den Fall führt, so fiel ich, doch ich fiel sehr schlecht.

Denn ich fiel keineswegs zu Grunde,
ich fiel im Fallen durch einen völlig neuen Raum,
wer spricht von Raum?, in einem Wirbel, einem Schlunde,
in diesem Schwindel, in einer Sogwelt ohne Saum.

Wenn ich jetzt falle, dann fall ich ohne Ende,
so dachte ich im freien Fall durch diese Ebene Zwei,
in diesem Strudel, in einem Trichter ohne Wände,
ein reines Fallen aus Panik und Geschrei.

Mit einer Kraft, von der man glaubt, dass sie nie reiche,
zwang ich mich hoch, zurück in meinen ersten Traum,
dort lag ich, sehr beruhigend, eine Leiche,
allein zwar, blutend, doch in einem Raum.

So auferstanden aus der Welt des freien Falles,
besaß ich einen Körper und ich trank sofort mein Blut.
Wer das vermochte, dacht ich, der vermag jetzt alles,
ich ballte meine tote Hand und fasste Mut.

Dann stand ich auf und sah, es ist vollbracht.
Ich ging in meinen Garten, doch ich sah den Garten kaum,
denn es war dunkel, mitten in der Nacht,
ich stand allein unter einem Baum.

Masse und Energie

Woher aber kommt es,
dass ich mich so schlecht wegdenken kann?
Ich meine: überhaupt nicht, ich meine: die Welt
ist doch nur ein besserer Stummfilm,
ein Daumenkino in meiner linken Hand.

Zweidimensionales Geflacker,
fahrendes Volk, diese Leute,
Tortenwurftragödien, reiner Klamauk,
Chargen, die blechern gegen einen Mülleimer rennen,
und selbst die Tiefe ist dabei nur gnädige Illusion.

Nicht, dass es die Wirklichkeit nicht gäbe,
sie *wirkt*, daher der Name Wirklichkeit.
Und doch sind die Verhältnisse so fühlbar völlig anders,
dort die Bilder, leicht wie abblasbare Blüten,
und hier die Tiefe, durch die ein starker Atem weht.

Man könnte von ganz anderen
Energieverhältnissen sprechen,
und das wäre noch höflich gesprochen,
denn wenn man ernsthaft spräche,
spräche man von Gott.

In diesem kleinen Ich,
das immer fadenscheiniger wird,

redundanter und fahrig und körperverblödet
blechern gegen Mülleimer rennt,
spräche man, ernsthaft gesprochen,
gleichwohl von einem Faden, von Gott.

Vielleicht ist es so, dass das Ich auch im Sein steht,
die Welt hingegen steht nur in der Welt,
vielleicht ist es so, dass das Sein dieses Ich hält,
und die Welt, erscheinend, immer vergeht.

Die Stufen der Anschauung

I.

Im Tode, so sagt man,
stirbt der Mensch, und die Welt
dreht unter Tränen und Klagen
überaus munter weiter ihre Runden,
so, als sei rein gar nichts geschehen.
Auch jetzt wird einfach Herz mit Zwanzig gespielt,
und der FSV Salmrohr gewinnt
einmal mehr und völlig unverdient gegen FK Pirmasens.

2.

Im Tode, so sagt man mitunter,
stirbt der Mensch und mit ihm seine Welt
des Tränens und Klagens,
und zuweilen scheint es,
als sei so mitten im Drehen
irgendetwas herausgefallen zu sein.
Irgendetwas fehlt: eine Stimme, ein Echo,
ein Raum- und Resonanzgefühl.

Kein Mensch spielt jetzt Herz mehr mit Spitze,
und die vielen Dramen des FSV Salmrohr
sind einfach weg wie gelöscht,
man denke nur an das Jahrhundertspiel
von 1953 gegen den FK Pirmasens,
das nun keiner je mehr gesehen hat.

3.

Im Tode aber
stirbt mit dem Menschen die Welt,
und niemand weint.
Denn es ist ja die ganze Welt
und niemand ist zum Weinen mehr da.
Nichts dreht sich um niemanden,
der Ramsch ist verloren,
kein Salmrohr weht da noch im Wind.

Der todessüchtige Benn

Nach einhundert Jahren mehr oder weniger sinnlosen Geredes
wird es einmal Zeit für ein paar einfache Worte:
Es ist keineswegs so, dass nun jeder,
der nicht den Dialektischen Materialismus, den Dax,
den Weltgeist oder Stalin oder den Buchsbaum besingt,
ein todessüchtiger Schwadroneur wäre.
Genau das Gegenteil ist richtig.

Nehmen wir zum Beispiel Gottfried Benn,
oder den »todessüchtigen Benn«, wie Brecht ihn nannte.
Benn war fett und fertil,
ein passionierter Ficker,
fuhr im März nach Meran
und mitunter zu seiner Tochter
(früh schon wildfremden Leuten aufs Auge gedrückt)
ans dänische Meer,
ein Offizier, ein Arzt, ein Mann, der Schnittblumen liebte.
Benn rauchte und trank
und starb (nicht ganz unfreiwillig) an Krebs, kurz gesagt:
ein Leben ganz comme il faut.

Privat, so glaube ich,
hat er sich nicht sonderlich für den Tod interessiert,
der *mons veneris*, ein Pils und die *Juno* waren ihm lieber,
rein nun privat, von Benn auf Benn gesehen.

Warum aber dann diese vielen Todesmetaphern?
Um sich aufzuspielen? Oder die Gedichte zu pimpen?
Der verschwebenden Wortgeste
oder des sicheren Vers-Endes wegen
(wir nennen nur *sterben/werben* – der Klassiker!).
Oder war er ganz einfach
ein von tropischen Wendungen stark befallenes Tier?
Wie andere Tiere etwa Läuse haben.

So könnte man es durchaus sagen:
Benn, der Stimmungstechniker des Todes,
und doch ist es wieder einmal nicht wesentlich mehr,
als die stets gern gesehene, die reine Dummheit,
die hier so leichthin den Griffel führt.

Die Sache ist dabei sehr einfach:
Jedes Leben ist doppelgesichtig,
einmal empirisch und einmal – zumindest – transzendental,
es steht schon immer in der Dichtung
und müsste nicht eigens bedichtet,
betextet und lyrisch angequatscht werden,
wenn es sich selbst verstünde,
nur das ist – leider – nicht der Fall.

Das Leben ist ein permanentes Selbstmissverständnis.
Es steht somit im Rätsel.
Es produziert den Schein der Realität.
Das kann eigentlich jeder Idiot sehen.

Nehmen wir einen typischen Idioten: das Ich.
Wer ist dieses Ich?
Die Summe seiner Gewohnheiten, aha,
die Summe seiner Zeit, auch gut,
die Summe der ökonomischen Verhältnisse,
der Blutfettwerte, der Moleküle,
der Gene, der Quarks.

Schön wäre es.
Aber das Ich ist keine Summe.
Es zieht die Summen, permanent.
Auch ist es nur auf Teilzeitbasis
und sehr bedingt in der Welt zu Hause,
es schafft vielmehr erst diese Welt.

Was, blöde gefragt,
wiegt dieses Ich?
So viel wie ein Gedanke,
nämlich nichts –
es ist wesentlich leichter als Luft.

Und doch ist dieses Ich,
das so schwerelos daherkommt,
nichts anderes als zugleich auch die Welt.

Ach, diese vielbeschworene Welt,
alles voller Buchsbäume und Stalinbüsten,
man könnte leicht glauben,

es ginge ewig so weiter.
Aber schon ein kurzer Blick auf die DAX-Tafel zeigt,
wie sich die Kurse verändern.
Det ist der Weltgeist, det ist der Materialismus,
sicher, gewiss, aber vor allem: eine sehr hohe Phänomenalität,
in die die Dinge wie in ein Säurebad getaucht sind.

Irgendwie lästig immer dieses Erscheinen,
irgendwie stört – auf die Dauer – die Zeit, das Zu-Spät.
Mitunter scheint es so. Und so könnte man meinen,
die ganze Welt sei wie auf Kante genäht.

Stoizismus ist nur ein anderes Wort für Ratlosigkeit.
Das Nichts klingt – wie soll man sagen? – so gegenstandslos,
etwas unpersönlich, wie wäre es da mit dem Tod?
Er ist es ja, in den die Zeit und ihre Ziele laufen,
denn alle Wege führen direkt ins Dunkle hinab,
und nur hier, an dieser Schnittstelle,
wo die Dinge beginnen zu brennen,
lässt sich überhaupt etwas sagen,
was nun nicht ganz so bieder wäre
wie etwa der Buchsbaum.

Tag, der den Sommer endet –
einsamer nie –
die Welt im Vers gewendet,
Lyrik: Virtual Reality.

Alles andere ist Breitwandfußball,
müdes Gekicke, Zeit von der Uhr spielen,
Benn hingegen beherrschte den tödlichen Pass,
den Schnittstellenpass. Man kann auch sagen:
den richtigen Ton.

An eine ferne Freundin
für Katharina

Leichthin wirst Du durch Long Island, Locarno oder
Lüdenscheid
schreiten,
stolz über Marmor, auf Asphalt schwer beladen oder lustig
gestichelt
im Sand,
ach, wie gerne würde ich Dich jetzt auf Long Island begleiten
und nähme noch einmal deine kleine und sehr feine Hand.

Aber ich kann Dir die Hand nicht mehr reichen,
das lässt dieser riesige Raum gar nicht mehr zu,
doch in Worten, in Zeilen und Zeichen
steht eine Weile noch Anfang, und im Anfang ein Du.

Ich hoffe, die Welt ist Dir heller geworden und weniger hart,
ich verstand sie nicht wirklich, obwohl ich so tat, als ob ich
verstünde,
doch schon im Versuch des Verstehens, durch Grund
und Gegengründe,
verebbten die Wellen und verlor sich die Fahrt.

Siehst du etwas ganz anderes, gibt Dir die Zeit vielleicht Kunde,
sind Euch die schwereren Wolken gerissen
oder seid ihr auch nur stroherne Hunde,
durch die Straßen getragen und ins Feuer geschmissen?

Hebt, sehr dumm gefragt, ein Hauch Dir die Schritte,
macht er die Wege leicht und die Ebenen weich,
spürst Du so mitten im Schritt Glück auch und Gnadenmitte,
oder blieben sich Schritte und Wege und Ebenen gleich?

Grast ihr auf Erden noch immer wie himmlische Schafe,
lammfromm und taubstumm und innerlich blöde,
so wie man als Schaf sein Gras unter toten Himmeln frisst,
oder ist die himmlische Öde jetzt aufgebrochen im himmlischen
Ist?

Weißt Du, mitunter hatten selbst wir das Sein schon gespürt,
aber mehr in Gedanken und selten im: Sieh!,
das Denken hat uns nur tiefer ins Denken geführt,
und dieses Denken war tiefe Behältnis- und Tonnenontologie.

Schau einfach nur hin, was siehst Du gerade am Strand?
Du siehst das Meer, die Düne, den Strauch,
doch siehst Du wesentlich mehr so lustig gestichelt im Sand,
denn das Licht, das Du nicht siehst, das siehst Du im Nichtsehen
auch.

Und dieses Licht schien mir oft wie ein Operettenlicht,
es war ziemlich schön, aurorafarben und wie von Ferne ge-
reicht,
es gab mir mitunter so etwas wie eine Operettensicht
auf die Dinge, und machte die Dinge und Ferne so leicht.

Ach, ein Sommertag, schon tief im Jahrhundert,
die Strände so fern und die Moden so leer,
stünde ich selbst noch an Land, ich wäre verwundert,
was trieben mir Moden und Wellen und Wogen her.

Aber ich kann Dir meine Hand nicht mehr geben,
sie ist so klein geworden, viel kleiner als eine Kinderhand,
auch musst du nun andere Hände heben,
in diesem schönen und lichten und sehr fernen Land.

Blumen und Kränze

Weine nicht, wenn du gehst,
weine nicht, wenn du fällst,
denn das, was du hältst,
selbst im Fallen noch hältst,
sind Blumen und Kränze,
Bilder von Gänze,
geblümt und begrenzende,
verblühend erglänzende,
träumend gewobene
Bilder der Welt.

Nachwort

Die vorliegenden Gedichte sind im Wesentlichen neueren Datums. Vier von ihnen stammen allerdings aus deutlich früherer Zeit, Mitte der achtziger Jahre. Sie lauten: *Gala, Frühling, Blumen und Kränze* sowie *Nachtmeerfahrten* – so auch der Titel des Gedichtbandes aus dieser Zeit. Der Unterschied zwischen früher und späterer Lyrik ist eminent. Während in jungen Jahren die Dinge mitunter einfach da sind, naiv vielleicht, vielleicht lebendig, aber jedenfalls da sind, ohne dass man gleichsam auch nur den Finger zu krümmen bräuchte, ist späte Lyrik harte Arbeit, die ohne eine gewisse Mechanik des Produktiven nicht zu leisten wäre. Man hört, kurz gesagt, den Sound der Welt nicht mehr. Wer lange genug die Dinge für das nimmt, was sie sind, der vernimmt nicht mehr ihre eigentümliche Musik. So gesehen ist das Leben eine Verblödungsakte der untersten Schublade.

Ein Wort zu den vier genannten Gedichten. *Gala*, das ist Gala Dalí, die berühmte Muse des Surrealisten, die zuvor mit dem bekannten Lyriker und Essayisten Paul Éluard zusammen war, um sich später dem vielversprechenderen Salvatore Dalí beizugeben, mit einem Wort: das klassische Frauenspiel. Auch *Frühling* habe ich so übernommen, der Zusatz *jung* wurde allerdings hinzugefügt, denn wenn man jung ist, weiß man bekanntlich nicht, dass man jung ist. Das weiß man erst später. Nämlich wenn man es *war*. *Nachtmeerfahrten* ist ein Gedicht über Vertragsverhältnisse und die Welt des Kapitals. Der Begriff »formelle Freiheit« stammt vom großen Soziologen Max Weber und besagt, dass die meisten Verträge lediglich »formell« frei sind, inhaltlich natürlich überhaupt nicht, denn in irgendeine schwere Abhängigkeit muss man sich ja letztlich begeben, sofern man zu überleben wünscht. Auch wenn es heute »Butterfahrten« nicht mehr gibt und der Eurotunnel die Fähren verdrängt haben mag, besteht das Problem der formellen Freiheit weiterhin fort. Bleibt noch: *Blumen und Kränze*. Ich ging an einem späten Novembertag die Berliner Friesenstraße hinunter und auf die Kreuzberger Markthalle zu. Ein abschüssiger Weg. Ich passierte zunächst einen Blumenladen und nur wenig später ein Geschäft, das, passend zur Jahreszeit, Kränze in der Auslage führte. Das gab mir zu denken, und das, ohne dass ich zu denken dachte. Ein paar Minuten später stand ich in der Markthalle, und das Gedicht war erstaunlicherweise fertig.

Ich finde es heute etwas süßlich und wimmernd. Poetisch falsch ist es allerdings nicht. Denn was ist die vielbeschworene Welt anderes als verbale Lebensräume, seien sie nun freudig floral oder trauerbekränzt, als Vorstellungen, man kann auch großtun und sagen: als Episteme oder Sprachspiele, die wir uns, zu recht oder nicht, von ihr machen.

Zuletzt noch eine Kleinigkeit: die Seele. Wenn von ihr wie von dem ebenfalls schwer diskreditierten Ich die Rede ist, müsste letztlich Kants Begriff von der »transzendentalen Einheit der Apperzeption« stehen, jenem erstaunlichen Vermögen, diese tausendfältigen Erlebnisse im Lauf eines Lebens einem mehr oder weniger einheitlichen Ich, nämlich mir selbst, sowie auf der anderen Seite einem mehr oder weniger einheitlichen Ganzen, nämlich der sogenannten Welt, zuzuordnen. Hinter dieser scheinbaren Banalität liegt letztlich ein großes Geheimnis.